Biancamaria Folino

Risonanze interiori

PlaceBook
Publishing

Autore: Biancamaria Folino
Titolo: Risonanze interiori
Edizione 2020
Collana: GLI UNICORNI
Edito da: Amazon EU per Placebook Publishing & Writer Agency Srls
Digital designer copertina: Fabio Pedrazzi
Progetto grafico: Placebook Publishing & Writer Agency Srls

La storia del mondo

Potrei scrivere
la storia del mondo
se solo volessi
Ma poi chi
la leggerebbe?
Se non esiste memoria
del passato vissuto
come potrebbero
poche sillabe distorte
cambiare qualcosa?
E perché mai
le parole
dovrebbero assurgere
ad azioni?
Nel continuo ripetersi
di semplici atti
che distraggono
sta tutto il nostro
essere incompleti
nel perenne divenire

Chiaroscuri giornalieri

Morbido e pungente
come l'odore di resina
che cerca il contrasto
nel profumo di Terra
Così il mio sentire
non trova soluzione
agli opposti vaganti
e al loro mutare
Ma nello spazio quieto
dello scorrere del Mondo
si dà pace l'animo
e trova riposo nel corpo
Si tacciano le parole
incapaci di svelare
i segreti e le verità
della forza d'un silenzio

fasi alterne

Come la corrente Sudamericana
vivo a fasi alterne
tra prose e poesie
Mi cattura il ritmo
e quei fianchi danzanti
che ondeggiano
quasi fossero fronde
È il vento a portarmi
eco lontane di storie
immagini scarlatte
e sogni scomposti
Quello che non muta
è il mio canto
che divora vite
di un sottovuoto spazio

Sulla battigia

Faccio posto al mare
lasciando gli angoli
dell'intreccio di pensieri
Mando via le idee
e quell'insano groviglio
che nega l'approdo
Esiste solo l'onda
e i suoi colori tranquilli
il verde che si tuffa nel blu
Seguo il canto di sirena
mutevole come l'acqua
che trasforma sorrisi
Mentre gli stretti nodi
della rete dei pescatori
si sciolgono distratti

Come le nuvole

Raccoglili quei sassi
così non peseranno
più sul cuore
E quando tutto sarà
un disegno finito
per quanto imperfetto
si aprirà perfino un cielo
dove le nuvole voleranno
Tutti i giorni guardo
i colori del mio giardino
e così sorrido

Mentre cammino
continuo ad inciampare
nella mia umanità
Quel cadere stanco
che non è miseria
ma grandezza d'essere
Nelle foreste piene
delle mie visioni
si compie il viaggio
Percorro quella luce
che è suono e vibrazione
unione in risonanza

Migranti

Il soffio di un nome
mal pronunciato
dalla scarsa attenzione
che è volontà mancata
E quell'urlo informe
di un io distorto
che ingombra spazi
di inconsapevolezza
A volte il mondo
è un posto orribile
ma sono gli uomini
a renderlo tale

L'amore del Cielo

Mi ama questo Cielo
e mi regala segni
doni che ho imparato
a riconoscere tra tanti
Mi ci è voluto il tempo
quel silenzio capace
che si è creato nel cuore
e che mi fa vedere
La melodia che arriva
come il colore di un fiore
è pari alla visione
dove pacifiche statue
se ne stavano sedute
Come quel saggio
che mi è apparso in sogno
ma in totale veglia
nel giorno pieno di luce

Immagini

Non conosco angeli
ma so di un soffio fresco
che è quasi una carezza
So quello che dicono
i fiori nascenti
che puntano al sole
Il reticolato nel buio
è formato da galassie
piccole e grandi macchie
Sono tutte immagini
luce allo stato puro
fotocopia di Universo

Prospettive

Se proprio vuoi
io te le do le mie scarpe
forse cambieranno il tuo
modo di vedere le cose
Percepire il silenzio
delle stelle danzanti
che coprono le galassie
di nuovi percorsi
Trova un sorriso
e fammene dono
è l'unica vera arma
contro ogni dolore

Offese

Ma dimmi
sai davvero cosa vuoi
e chi vuoi essere qui?
Cerchi l'applauso
che ridonda echi
e nulla conosci
dell'estenuante ricerca
che vuole il verso libero
ma in equilibrio perfetto
Quello che non accetta
definizioni di sorta
o camaleontiche copie
che si svelano tali
perché mai sono sentite
né ci appartengono
Taci almeno
l'inesistente buona fede
di una ferita umanità

Panorami

Chi si parla addosso
non lo sa
di essere stonato
e continua senza sosta
a mettere in fila
belle sillabe
prive di significato
Meglio il silenzio
e quel suo ritmo
che è come un adagio
di violini sincronizzati
becchi di pettirossi
che cantano al cielo
trasformando armonie

Ritorni

Vado a ruota libera
cercando di alleggerire
il pesante fardello
che ovunque trasciniamo
Carta e penna in mano
come un ritorno al passato
nel sempre eterno viaggio
che ci riporta a casa

fioriture

L'aria ha il sapore
di una primavera
che sorridendo
fiorisce il giardino
Eppure il Cielo
rimane frizzante
in un'aria cristallina
che tradisce l'inverno
Alzo i miei occhi
per immergerli
in un azzurro pungente
che sa di storie mancate
L'appuntamento rimane
nel girare di fogli
che strusciano di idee
stanche come pensieri

Ricchezze

Ho un giardino fiorito
e un baule pieno di libri
Carta e penna sul tavolo
e sogni da vendere
Non mi interessa il caos
che non sia quello di stelle
Perciò chiudo gli occhi
e assaporo l'Universo

Di guerra in guerra
come fossero passi
di un percorso
che è fallimento stesso
della nostra evoluzione

Sleeper

E poi cado
al centro del mio mondo
dove urlano i fantasmi
ma sono solo sussurri
quelli che fanno paura
Ci sono angoli
che sono solitari e bui
in un silenzio perfetto
giocando alle memorie che
perdono ricordi per la via
E luci
a formare nuove ombre
capaci di spazi incredibili
che inghiottiscono il Tempo
e tutto ciò che scorre
Eppure
ovunque i guizzi di vita
tiranneggiano i sogni
facendo emergere la veglia
che mi riporta qui

L'ipotesi

Forse alla fine
l'ipotesi plausibile
è quella delle stelle
e del loro silenzio
Nessuna parola
potrà mai definire
quella luce che
brilla seppur stanca
Essere pura energia
in un grande spazio
di cieli multipli
che l'Uomo nega

Social dream

Palloni gonfiati
senza occhi
ma impettiti
in fila camminano
rossi di vergogna
Si crogiolano
in sterili egocentrismi
di cui nulla rimane
se non un'eco
d'insana indifferenza
Inconsapevoli vanno
e non s'accorgono
che quei passi
lasciano impronte
di vite di sabbia

Assonanze

Mi angoscia il Tempo
e il suo passare
non poter trattenere
se non su un foglio
Anche i rappers
hanno sogni di carta
e come i poeti
rovesciano il Cuore
su strade d'asfalto

Mortali

Cadono i veli
mettendo a nudo
fragilità umane
capaci di sentire
solo la terra
la sua maternità
Aneliamo al Cielo
cercando grandi ali
per proteggere il volo
o forse solo il sogno
d'immortalità perduta

_I_ segni

Mi serve un segno
ne basta solo uno
per continuare a
vivere un percorso
Camminare piano
con attenzione
e senza calpestare
i fiori nascenti
Voglio in dono
un mazzo di sorrisi
ad ornare tavoli
di cibo condiviso

Vibrazioni

Mi piacerebbe
diventare ed essere
come una campana tibetana
il cui suono si propaga
in toni binaurali
che invadono il mondo
Una preghiera insomma
che viaggia e arriva
dall'artigiano battitore
alle anime insonni
incapaci di trovare pace
per mancanza d'amore

Risonanze

Ma quando e come
ritornerai da me
se sempre questo Cielo
rischia di cadere
e frantumarsi a terra
La roccia modellata
dal ripassare d'onda
non sa di forme
e invano cerca i colori
che le sono strappati
Diventa pura eco
come un brillar di stelle
e propaga la tua voce
fino a raggiungere
un mondo che è distante

L'acqua che scorre
sussulta e zampilla
per me è reale
benedizione
Maledizione per te
che la sognavi
e ne stavi lontano
rifuggendola
Rilasso i muscoli
seguendo il ritmo
e allineo anche ciò
che per sua natura
allineabile non è

Stanchezze

Sono i momenti
che la mente
a malapena afferra
perché perennemente
presa in vana corsa
quelli che mancano
Fin dove la memoria
riesce ad arrivare
si accavallano ricordi
diversi da ciò che vogliamo
lontani da ogni terra
che preveda un approdo
E si vorrebbe solo
smettere di pensare
finché brucia il sole
allontanarsi ovunque
dove s'allunga l'ombra
del riposo sapiente

Cristalli

Rimbalzava dentro me
da una parte all'altra
sentivo scorrere il suono
e agli occhi mi appariva
un deserto di sabbia
mossa dal vento vibrante
Campana e voce
una donna in sella
con la tunica scomposta
rossa e giallo senape
mentre al capo opposto
svolazzavano preghiere
Hanno attraversato mondi
le bandiere tibetane
chiedendo speranze
e salvezza per l'Uomo
incapace di cogliere
il senso stesso della Vita

Equilibri

Mi rifugio
in un'onda di mare
nell'andare e venire
del suo moto perpetuo
È davvero perfetto
quel suo ritirarsi
al giusto secondo
per non ridondare
In origine era
una goccia di pioggia
pura e semplice
scivolata nell'immenso

fasi

Sono malinconie lunari
quelle maree che irrompono
tra pensieri aspri e asciutti
come un lungo filo
che tiene insieme la vita
Eppure quegli stanchi silenzi
in cui la pace si infiltra
come un ricercato attimo
non sempre sono salutari
per la mente che sogna
A volte è solo il caos
a divenir perfetta
danza di stelle mute
che si tuffano solitarie
in un vortice di parole

Terra e Cielo

È faticoso
essere umani
sempre nella spirale
delle emozioni
e dei tanti dubbi
A lottare
contro il Tempo
e la rabbia
che tutto
divora senza sosta
Meglio le stelle
e la loro luce gentile
quell'illuminare
senza mai
chiedersi perché

Onirici mondi

E sogno ancora
perché solo così
posso raggiungere
terre lontane
All'imperativo cresci
ho fatto spallucce
e mi sono voltata
continuando a navigare
Do le spalle al mondo
e alle pretese
di voler sempre definire
un'inafferrabile corrente
Quel profumo era
di cipresso tagliato
pacificava l'anima
e mi portava in viaggio

Al domani

Non mi appartiene
il luccichio sfrenato
che nulla vuol dire
né quel silenzio muto
che nasconde il vuoto
Non sarà mai mio
quel millantare assorto
che ricopre vanità
e malcelati desideri
di notorietà fittizie
Vi lascio il mio mondo
a volte un po' pesante
per la fatica del risalire
senza tralasciar gradino
fatene buon uso

Ogni estate

Faccio un carico
di sole e caldo
per passar l'inverno
So che non funzionerà
ma ogni anno
ci provo ancora
Sono malata d'estate
ce l'ho sulla pelle
come il mare
Quel suo sale
pacifica l'onda
e ogni mia ansia

Stelle

Mesi e anni
per assecondare
un ego ingombrante
e poi in un soffio
tutto sparisce
e tu non sei più
se non una scia
di luce perfetta

La ragnatela

Appartengo al mare
tanto da
rispondere alla luna
delle mie maree
Appartengo al mare
è l'onda amica a dirlo
mentre narra di sé
nei ciottoli levigati
Appartengo al mare
e alle sue tele
intessute nel sale
del ragno cantastorie

Verso la Via

Ho guardato attentamente
le linee sulle mie mani
Sono forti e decise
come fuoco che arde
Così il mio cammino
che s'è perso e ritrovato
Le passioni dure a morire
tornano vestite di luce nuova
Ed è esattamente in quella
che muovo un passo dopo l'altro
Me lo chiede il mio spirito
con l'intensità di un canto

Presenze

Io lo so che ci sei
in quella fresca brezza
che a volte m'assale
sotto alle coperte
Ma non solo di notte
arriva il tuo respiro
quello che mancava
che non bastava mai
Sei nella fossetta
della guancia sinistra
e nel sorriso aperto
che mi circondi
Ma manchi nell'abbraccio
e in quel nostro parlare
per cercare di capire
quello che per natura
non ci può appartenere

Atacama

Vorrei andare
in un deserto
e così percorrere
ogni duna silenziosa
Nuotare nei suoni
e in quel respiro
che allarga la mente
inondando i pensieri
Un passo dopo l'altro
come fosse preghiera
che varca i mondi
mutando dimensione
Voglio onorare i morti
le cui ossa giacciono
in pezzi sotto la sabbia
portando loro fiori
Semplicemente camminare
e squarciando le nubi
aprire all'azzurro terso
la felicità del Cielo

Scrivere

A volte mi manca
quel ticchettio di tasti
e la penna sul foglio
Erano ponti veri
collegamenti di idee
che avvicinavano
Senza bisogno di
ventole a raffreddare
gli inchiostri di storie
Forse è per questo
che mi circondo
di carta e quaderni

Un'ora al giorno

È un mare aperto
questo silenzio che
circonda d'energie
Pacifica lo spirito
e si copre di Cielo
sognando nuvole
Come tante porte
tutte da aprire
per varcare mondi
Diverse dimensioni
ha questo Tempo
nel suo moto
Fa come l'onda
che va e che viene
in circolarità perpetua

Suoni

Con grandi salti
e semplici balzelli
ho viaggiato tanto
Ho visto paesi
dove si danza
e statue silenti
immerse nel verde
Dal mare al deserto
un volo d'uccelli
seguiti dal vento
Tutte le immagini
dell'intero mondo
erano in me
come uno scialle
E nel silenzio
ritornano ad essere
serbatoio d'energia

Cielo sereno

Indago le nuvole
per aver risposte
e cerco di leggere
nelle loro forme
arcani segreti
L'amore del Cielo
si fa specchio
dove s'infrangono
onde luminose
di immagini antiche
Qui traggo nutrimento
che trasformi me
e le mie mani
per poter accogliere
il dolore altrui

Energie cosmiche

È il tuo ego
l'ostacolo peggiore
nel quale inciampi
e continui a cadere
Cammina lento
e concediti d'essere
a volte stanco
altre una stella
Frantuma la voce
e falla diventare
puro suono
guaritore di spirito
Solo così ti sentirai
parte del tutto
che circonda
vivendo in te

Tempi moderni

In realtà
non mi importa
non più
di correre nel flusso
Tempo fa
ho rallentato
e continuo a farlo
contemplando
Come il tardigrado
che prende spazio
e si osserva
passo dopo passo
Guardo la pioggia
scendere
e goccia a goccia
riversarsi nel mare

Sinergie

La preghiera
non è speranza
ma richiesta
di sinergie
Così io
muto strumento
mi rivolgo
all'Universo
Sono le stelle
a rispondere
con correnti
che mi vibrano

Stelle

Ho nostalgia del Cielo
dei suoi notturni silenzi
e dello spazio navigato
All'imbrunire stanco
guardo quel sole rosso
tra le nuvole ignare
E sento lo strappo
della nostra separazione
come fosse rumoroso caos
Quando con le mie sorelle
volavamo di luce leggera
nella nostra fissità
Solo l'attimo del ricordo
eterno battere d'anima
fino al risveglio mattutino

Intenti

Non voglio
viver di morsi
piuttosto d'amore
voglio sentirlo
espandersi
fino al punto
di non ritorno
Come la salvia
vicina alla lavanda
cerca di toccarla
così io voglio
avere la stessa
memoria dell'acqua

Tenue la luce
si adagia
su ogni cosa
mentre le dita
si fanno raggi
ad accogliere
l'energia del sole

L'abete

Danzano gli spiriti
e come una brezza
mandano messaggi
che sono cinguettii
Tocca sereno le rughe
e la corteccia del tronco
cogli a piene mani
l'antica saggezza d'albero
che oscilla la chioma
perché ha salde radici

Shiatsu

Quel ruscello
che scorre
e sento dentro
è la pace
Un luogo sacro
dove le mani
maestre indiscusse
accolgono e curano
Qui voglio restare
e radicarmi
affinché lo spirito
si senta a casa

fine anno

Non voglio nulla di più
che vedere il Cielo
respirarlo a fondo
fino a confondermi
Tanto mi basta
ad essere felice
fermarmi un attimo
a sentirmi parte
del tutto armonico
Noi siamo davvero
come lunghi fiumi
e un giorno non lontano
arriveremo al mare

Ma non lo vedi
che non sono qui?
Me ne sono andata
e cammino a testa alta
seguendo un percorso
Vado dove il mistero
chiama il mio cuore
dove la pace è reale
e assomiglia al Cielo
Dove la materia
è manifestazione
spirito d'anima che
solo questo esprime

_Il sé_

È come un lago
questo silenzio
in cui mi tuffo
Guardo le forme
che l'acqua sa
perché conosce
tutte le cose
Vorrei riuscire
magari un giorno
a somigliarle
per poter essere

Mondi paralleli

Eppure quelle voci
sono parte di un mondo
altro da questo
qualcosa che fu
Le ascolto e seguo
ma subito il corpo
riporta alla carne
materia concreta
Chiudi gli occhi
e trova il ponte
che sempre unisce
dimensioni parallele

Cielo invernale

Ma tutto questo grigio
che penetra l'anima
è solo Cielo invernale
Con la sua lenta pioggia
che non cade mai
e gonfia stanche nuvole
Scricchiola il freddo
come fosse un'articolazione
esposta alle intemperie
La fiamma va tenuta
sempre accesa e vicina
fino all'arrivo del sole

Solo le stelle

Il suono vibra
creando meduse
che solcano cieli
e spazi siderali
pieni di luce
e di silenzio
La pioggia cade
come se un vulcano
sputasse fuori pece
alleggerendo corpi
facendoli volare
in altri luoghi
Dove solo le stelle
sanno cantare

Pachamama

Sono io
sono la Terra
polarizzo elementi
e li attraggo a me
Creo sinergie
e permetto al seme
di diventare albero
con un soffio di vita
Cerco le unioni
i punti di forza
di ogni cosa
che abbattono muri
La mia rotazione
è una via d'amore
che vibra d'energia
nella sua rivoluzione

Attimi

Assaporo la gioia
come fosse luna
dalla luce soffusa
Attimo dopo attimo
torna il pensiero
e gira in tondo
prima che lo scacci
per far posto al silenzio
Come una pausa
che dilata il Tempo
allungando il respiro

Semplificare

Seguire i ghirigori
dell'inquieta mente
che ovunque posa
dilaganti pensieri
È come vivere
in un labirinto
che non ha uscite
Costruire una casa
richiede mattoni
e salde fondamenta
Come l'amore
che vuole solo luce
lentezza di attimi
e quotidiane cure

Correnti

Eppure voglio credere
che ancora esista
quel moto carbonaro
Una corrente sotterranea
che ogni giorno vive e crea
un possibile altro mondo
Diversa la via percorsa
fatta di luce di stelle
per salvare le anime
Mani che si toccano
e fili di un tessuto
che unisce gli uomini
Perché insieme si lotta
per sconfiggere il potere
come un fiume in piena
Per rompere gli argini
di un ego violento
sordo e cieco alla vita

Sguardi

È nella vacuità totale
quando tutto intorno
si fa rumore sordo
che torno al mare
Seguo il silenzio
dell'onda solitaria
che va e che viene
come fosse respiro
Mentre la spuma
bianca e calma
non pone dubbi
all'essere del tutto
Cammino sulla battigia
perché quello è il luogo
dove i miei occhi
prendono forme d'acqua

Sedimentare

Ho bisogno di spazio
quel silenzio del fare
che permette d'essere
Lasciar scorrere il fiume
e seguirne il corso
fino alla sua foce
Come il sangue
anche l'inchiostro
si fa ritmo cardiaco
Una pagina dopo l'altra
i versi e le storie
diventano pura vita
Le parole e il respiro
in un'unica voce
al centro del diaframma

Primavera

Ma cosa mai
avranno da dirsi
di così urgente
passeri e merli
pettirossi alteri?
Saltano di ramo
in ramo veloci
e cantano
come se la primavera
fosse un passaparola

Anime

Ma questi poeti
così bistrattati
così poco letti
sempre incontrano
animi sensibili
che fanno dei versi
motivo d'orgoglio
Nel mistero
della metrica
stravolta dal tempo
sono le parole
a diventar azioni
L'immagine scolpita
nella pietra eterna
è bagno dell'anima
che chiede bellezza

Canto

È la voce di Dio
quella incarnata
nel piccolo merlo
e canta l'amore
da un ramo all'altro
per tutto il creato

Diari

Ho rovesciato
il mio cuore
sulla carta
Ha catturato
occhi pieni di
lacrime tristi
E fatto viaggiare
impavidi spiriti
in cerca di tesori
Semplice alfine
è l'anima pura
capace d'amore

Tra le stelle

Nello spazio siderale
è il rumore di sfere
a catturare attenzioni
di uomini distratti
Navigare nel buio
saltando tra i pianeti
è come diventare scia
di neonata cometa
Solo allora comprendi
le parti del Tutto
e di come l'Universo
ti sia madre da sempre

INDICE